Laure Le Gouic - Thibault Chattard

LES RECETTES DE LA MER
POISSONS, COQUILLAGES ET CRUSTACÉS

Photographies des auteurs

à Maëlle,

Editions Jean-Paul Gisserot

www.editions-gisserot.com

Entrées marines

Plateau de fruits de mer

Temps de préparation

5 min

nombre de personnes

4

La recette du plateau de fruits de mer ? Elle n'existe pas. Chacun compose son plateau en fonction de ses goûts, de la saison, de la pêche du jour et … de ses moyens. Les plateaux les plus onéreux ne sont pas nécessairement les meilleurs. Pour l'harmonie du plateau et la progression des saveurs en bouche nous vous conseillons d'équilibrer coquillages crus et crustacés cuits.

Voici juste une suggestion de composition, en entrée :

Coquillages crus :

- Huîtres : 3 creuses et 3 plates par personne.
- Palourdes : 6 par personne, ou moins cher mais plus coriace : amandes de mer.
- Praires : 3-4 par personne.
- Clams : 1 par personne.
- Tellines, couteaux, oursins, coques peuvent aussi être proposées.

Les ouvrir juste avant service et les garder au frais. Vérifier que les coquillages sont bien vivants à l'ouverture. Dans le doute, ne consommez pas.

Coquillages à cuire :

Les bulots et les bigorneaux doivent être contrôlés avant cuisson pour s'assurer qu'ils sont bien en vie. Les cuire dans un court-bouillon (eau salée, thym, persil, laurier, poivre…)

- Bulots : 15 à 20 minutes selon grosseur. Au-delà, le bulot devient caoutchouteux.
- Bigorneaux : faire cuire dans le court-bouillon 10 minutes après frémissement.

Crustacés, à cuire séparément à l'eau bouillante salée :

- Langoustines : 250 g par personne, cuisson +/- 30 secondes lorsque l'eau frémit à nouveau.
- Etrilles : 1 belle par personne, cuisson 15 minutes.
- Tourteau : ½ par personne, cuisson 20 minutes.
- Araignée : ½ par personne, cuisson 20 minutes. Préférer une araignée mâle si vous souhaitez de grosses pinces.
- Bouquet vivant selon saison : 50 grammes par personne, cuisson jusqu'à ce que l'eau rebout.

On peut rajouter, selon goût ou arrivage, des crevettes grises, des crevettes roses, ou de manière plus luxueuse, un demi-homard au court-bouillon par personne.

Bien laisser refroidir avant de servir. Une fois les tourteaux et araignées refroidis, les nettoyer en séparant les corps des entrailles. Nettoyer et garder les carapaces pour décorer le plateau.

Accompagnement

Les fruits de mer se suffisent à eux-mêmes pour nombre d'amateurs mais on peut tout de même proposer, outre le traditionnel citron :

- Une sauce à l'échalote : faire macérer une grosse échalote hachée dans 10 cl de vinaigre de vin, ajouter quelques gouttes d'huile végétale, sel et poivre.
- Une mayonnaise : mélanger une cuillère à café de moutarde avec un jaune d'œuf, ajouter petit à petit de l'huile végétale en fouettant jusqu'à obtention d'une mayonnaise bien épaisse. Ajouter une petite cuillère à café de vinaigre de vin. Mélanger. Saler et poivrer.

Servir avec un Gros-Plant, un Muscadet, un Sancerre Blanc ou un Chablis selon goût.

Embeurrée de coquillages

Temps de préparation

10 min

Temps de cuisson

5 à 10 min

nombre de personnes

1

Ce plat vous est proposé ici avec des coques, des moules et des bigorneaux. On peut y ajouter des palourdes, des tellines ou des praires selon goût.

- 200 g de moules de bouchot,
- 300 g de coques ou de palourdes,
- une grosse poignée de bigorneaux cuits selon la recette du plateau de fruits de mer,
- 50 g de beurre ½ sel,
- 2 branches de persil plat hachées,
- 1 échalote grise hachée,
- 2 cl de vin blanc sec,
- sel et poivre.

Nettoyer les moules, les coques et les bigorneaux. Les réserver.

Dans une sauteuse, faire fonder 25 g de beurre. Faire blondir l'échalote et faire revenir les bigorneaux, puis éclater les moules et les coques ou les palourdes à feu vif.

Lorsque les coquillages sont bien ouverts, baisser le feu puis rajouter le reste du beurre avant de saupoudrer de persil haché.

Ajouter le vin. Laisser cuire 5 minutes puis servir dans une grande assiette creuse. Décorer d'un peu de persil. Assaisonner de poivre moulu.

A déguster avec un Sancerre blanc, ou, plus modeste mais parfois aussi bon, un Petit Chablis.

Coquilles St-Jacques flambées
au whisky et leur fondue de poireaux

Temps de
préparation

20 min

Temps de
cuisson

15 min

nombre de
personnes

6

• 30 noix de coquilles St-Jacques (des bonnes Pecten maximus de la Manche, de l'Atlantique ou de la Mer d'Irlande),

• 3 poireaux,

• 250 grammes de beurre demi-sel,

• 40 cl de crème fraîche épaisse,

• 4 cl de whisky écossais ou irlandais,

• 10 brins de ciboulette fraîche finement ciselée,

• le jus d'un ½ citron,

• sel et poivre.

Couper et jeter les feuilles vert sombre des poireaux. Couper les blancs des poireaux en sections d'une dizaine de centimètres de longueur. Couper ces sections en deux dans le sens de la longueur puis recommencer jusqu'à obtention de très fines lamelles de poireau. Faire revenir ces lamelles de poireau, préalablement lavées, dans 180 grammes de beurre jusqu'à ce qu'elles fondent et deviennent presque translucides. Ajouter le jus du citron puis 25 cl de crème fraîche. Réserver au chaud en prenant garde que le poireau ne colore pas.

Faire revenir à feu vif les noix de St-Jacques dans du beurre jusqu'à ce qu'elles dorent un peu des deux côtés. Retirer du feu et faire flamber immédiatement avec le whisky – verser le whisky en une fois dans votre poêle ou sauteuse très chaude, approcher une allumette jusqu'à ce que les vapeurs d'alcool prennent feu ; vous assurer auparavant qu'aucun élément inflammable ou aucune hotte ne se trouve au dessus de la préparation. Remuer jusqu'à ce que ce que les flammes disparaissent d'elles-mêmes.

Remettre à cuire à feu doux avant de rajouter le reste de crème fraîche pour déglacer le fond du récipient. Laisser mijoter cinq minutes avant de servir sur assiette avec de la fondue de poireaux. Saupoudrer de ciboulette ciselée.

Vin conseillé : Chablis, Sancerre, Entre-Deux-Mers Blanc.

Coquilles St-Jacques à la bretonne

Recette de Françoise Hélézen,
interprétée par Maryvonne Le Gouic

Temps de
préparation

25 min

Temps de
cuisson

45 min

nombre de
convives

6

- 24 noix de coquilles St-Jacques (des bonnes *Pecten maximus* de la Manche, de l'Atlantique ou de la Mer d'Irlande),
- 20 petites échalotes grises,
- 2 cuillères à soupe de farine,
- 20 cl de Muscadet,
- 20 cl d'eau,
- 75 grammes de beurre demi-sel,
- 2 cuillères à soupe de crème fraîche épaisse,
- 1 cuillère à café rase de curry,
- 2 gousses d'ail rose finement hachées,
- chapelure,
- 1 feuille de laurier,
- sel et poivre.

Faire pocher les noix de St-Jacques pendant 5 minutes dans un court-bouillon réalisé avec le vin blanc, l'eau, deux échalotes et une feuille de laurier. Réserver les noix de St-Jacques et garder le court-bouillon.

Faire fondre 50 grammes de beurre dans une casserole et y faire revenir les échalotes. Retirer du feu. Saupoudrer des deux cuillères de farine et mouiller avec le court-bouillon en battant avec un fouet pour éviter les grumeaux. Incorporer les épices, curry et ail compris. Laisser cuire à feu doux pendant environ 1/4 d'heure **en remuant sans cesse**.

La sauce doit devenir épaisse. Rajouter la crème fraîche puis les noix de St-Jacques et laisser cuire 1/4 d'heure encore.

Répartir les noix et la sauce dans 6 coquilles – ou 6 cassolettes. Saupoudrer d'un peu de chapelure et ajouter une noisette de beurre.

Mettre au four chaud pendant 7 minutes et au grill pendant 3-4 minutes jusqu'à ce que la chapelure dore.

Vin conseillé : Sancerre, Chablis, Menetou-Salon blanc.

Ormeaux poêlés

- 8 ormeaux,
- 100 grammes de beurre,
- 3 grosses gousses d'ail, hachées,
- 5cl de muscadet,
- 5 branches de persil, hachées,
- sel et poivre.

Temps de préparation

20 min

Temps de cuisson

4 min

nombre de personnes

4

Détacher les pieds des ormeaux de leurs coquilles et garder le seul muscle. Eliminer soigneusement tous les viscères noirs et visqueux. Placer les pieds sur une planche de bois et les marteler vigoureusement avec la tranche d'une autre planche pendant une dizaine de minutes.

Faire fondre la moitié du beurre dans une poêle à fond épais et y faire revenir à feu vif les ormeaux, pendant 2 minutes de chaque côté.

Diminuer le feu rajouter le reste du beurre, puis l'ail et le persil et mouiller avec le muscadet. Saler avec précaution et poivrer.

Servir très chaud.

Vin conseillé : un bon vin blanc sec du Val de Loire.

Brochettes de Saint-Jacques
au romarin

Temps de préparation

20 min

Temps de cuisson

5 min

nombre de personnes

4

- 20 noix de St-Jacques (avec ou sans corail),
- 4 tranches de coppa (corse de préférence), coupées en quarts,
- 20 grammes de beurre,
- 4 brochettes en bois.

Pour la sauce :
- 150 grammes de beurre ½ sel en morceaux,
- 2 échalotes émincées,
- 5 cl de vinaigre de cidre,
- 10 cl de vin blanc sec,
- 2 brins de romarin.

Dans une casserole à fond épais, verser les échalotes, le romarin, le vin et le vinaigre. Faire réduire jusqu'à l'obtention de deux cuillères à soupe après filtration au chinois. Réserver.

Dans une poêle, faire fondre 20 grammes de beurre. Faire revenir les noix de Saint-Jacques 2-3 minutes de chaque côté. Parsemer de quelques feuilles de romarin. Saler et poivrer.

Pendant la cuisson des noix de Saint-Jacques, à feu très doux, rajouter le beurre à la réduction obtenue précédemment en fouettant constamment. La sauce, de consistance onctueuse, ne doit jamais bouillir. Poivrer selon goût.

Piquer en alternance les noix de Saint-Jacques et les morceaux de coppa sur les brochettes. Disposer les brochettes ainsi obtenues dans une grande poêle placée sur un feu doux. Les retourner fréquemment pour qu'elles dorent de tous côtés. Servir sur assiettes, sur un lit de sauce.

Vin conseillé : Sancerre blanc, Reuilly.

Pétoncles grillés

- 1 kg de pétoncles,
- 30 grammes de beurre salé
  à température ambiante,
- 1 grosse gousse d'ail écrasée,
- 10 brins de persil plat,
- 5 brins de ciboulette,
- sel avec prudence
  (si beurre salé),
- poivre.

Temps de préparation

30 min

Temps de cuisson

5 à 7 min

nombre de personnes

2

Ouvrir les pétoncles et rassembler le contenu du coquillage sur une seule coquille. Oter la partie ronde et noire en prenant garde de ne pas la percer.

Placer les pétoncles ainsi préparés sur un plat allant au four.

Préparer le beurre à l'ail : mélanger dans un bol le beurre, le persil et la ciboulette ciselés, l'ail écrasé, le poivre et le sel. Bien mixer le tout.

Garnir chaque coquillage avec un peu de ce mélange.

Mettre au four sur position grill pendant 5 à 7 minutes. Manger aussitôt.

Vin conseillé : Muscadet

Homard à l'armoricaine

Temps de préparation

25 min

Temps de cuisson

35 min

nombre de personnes

6

- 3 homards de 700 grammes environ chacun, vivants, français de préférence,

- 2 gousses d'ail épluchées et finement ciselées,

- 70g de concentré de tomate, ou mieux 150 g de coulis de tomate maison,

- 4 gros oignons finement émincés,

- 100g de beurre,

- 70 ml huile d'olive,

- 1 c à c de sel fin de Guérande,

- 10 tours de moulin de poivre,

- 1½ c à c rase de curry,

- 20 ml whisky ou lambic,

- 180 ml d'eau,

- 120 ml de vin blanc sec.

Placer vos homards sur une planche dont les rainures vous permettront de récupérer le jus. Fendre en deux la tête des homards, puis découper la queue en médaillons.

Dans une marmite à fond épais, faire revenir dans l'huile d'olive, l'ail et les oignons. Rajouter le concentré de tomate hors du feu. Bien mélanger. Mouiller avec l'eau, le vin blanc et le jus du homard. Remettre sur feu moyen, saler, poivrer et épicer avec le curry.

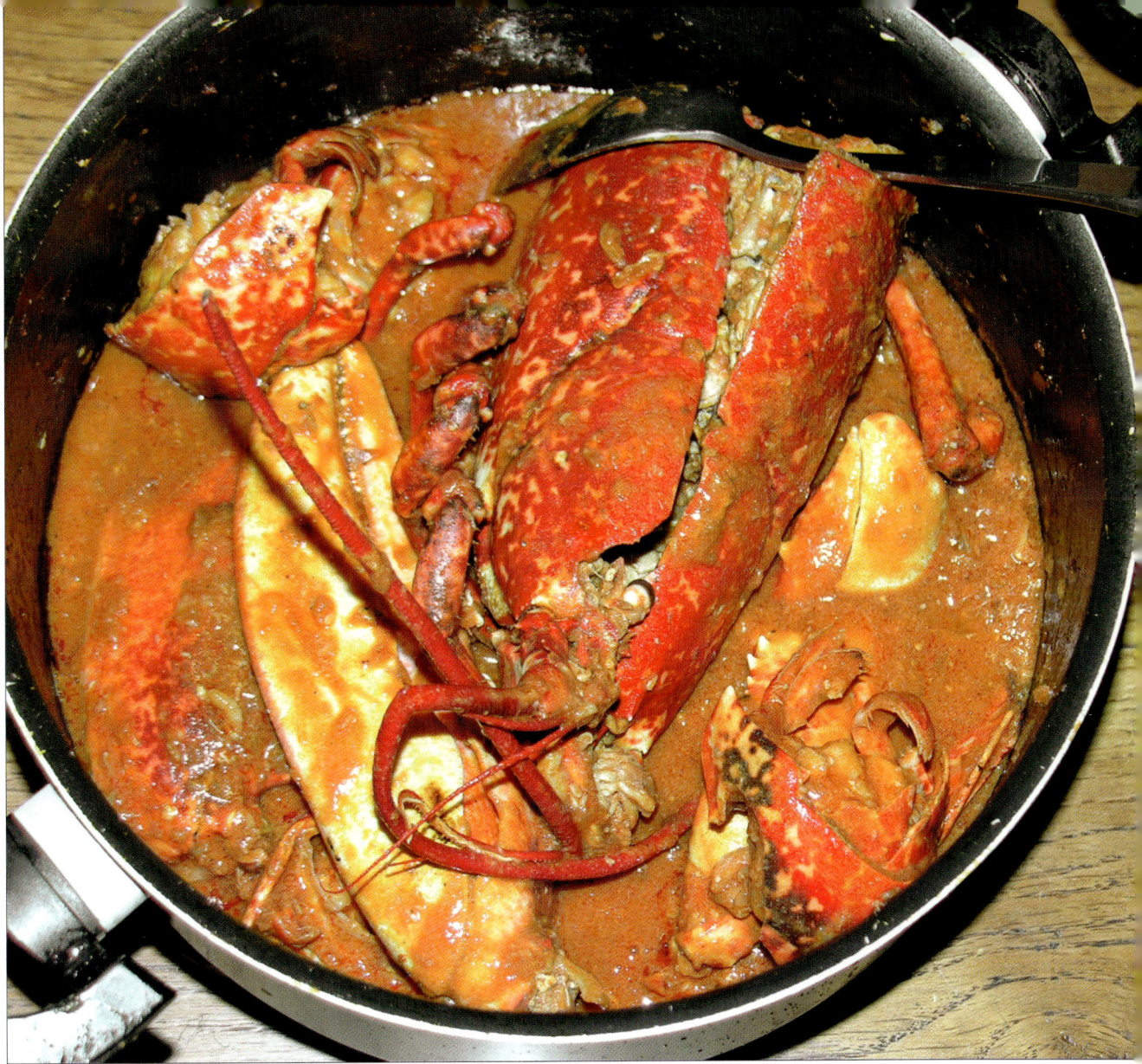

Laisser mijoter 30 minutes.

Dans une autre marmite faire revenir les morceaux de homard dans le beurre. Retourner 2 à 3 fois les morceaux pour qu'ils soient bien dorés. Faire flamber, hors du feu (dans la marmite bien chaude, verser le whisky uniformément sur le homard et approcher une flamme).

Verser le contenu de la 1ère marmite dans la seconde et faire mijoter à feu doux et à découvert pendant 35 minutes.

Si la sauce paraît aigre, il est possible de rajouter 1 c à c de sucre en poudre . Rallonger le temps de cuisson de la sauce, peut aussi permettre d'obtenir une sauce plus parfumée : dans ce cas prendre soin de retirer le homard pour qu'il ne soit pas trop cuit.

Cette recette peut bien sûr, être réalisée à l'avance et être réchauffée à feu doux en ajoutant 40g de beurre.

Vin conseillé : Chablis

Maquereaux au vin blanc

Temps de préparation

10 min

Temps de cuisson

35 min

nombre de personnes

6

- 6 maquereaux de petite taille (aussi appelés lisettes), vidés,
- 1 bouteille de Muscadet sur Lie ou de Gros-Plant,
- 1 carotte,
- 1 citron jaune,
- 1/4 dl de vinaigre de vin,
- 2 gros oignons blancs,
- poivre,
- 2 ou 3 feuilles de laurier,
- thym,
- sel selon goût.

Préchauffer votre four. Eplucher et couper en fines rondelles la carotte et les oignons. Couper le citron en tranches. Dans une terrine en grès, placer une couche de maquereaux. Recouvrir de quelques tranches de carottes, oignons et citron. Saupoudrer d'épices. Renouveler cette opération jusqu'à épuisement des maquereaux. Le nombre de couches, deux ou trois, dépendra donc de la taille de votre terrine ! Recouvrir complètement de vin blanc et verser le vinaigre. Mettre à four moyen avec le couvercle pour une demi-heure. Laisser refroidir avant de mettre au réfrigérateur pour au minimum 12 heures. Consommer dans les trois jours. Il est possible, selon goût, de rajouter un peu de vinaigre.

La qualité de ce plat dépend fortement de la qualité du vin utilisé.

Vin conseillé : Le vin utilisé pour la préparation.

Moules marinières

- 1 litre de moules,
- ½ gousse d'ail finement hachée,
- 1 échalote émincée,
- 2 brins de persil émincé,
- 1 pincée de curry,
- 10 cl de vin blanc sec,
- sel et poivre selon goût,
- 1 cuillère à soupe d'huile d'olive.

Temps de préparation

15 min

Temps de cuisson

10 min

nombre de personnes

1

Ebarber les moules, les gratter et enlever tous les résidus collés sur leurs coquilles. Rincer rapidement à l'eau très froide. Faire revenir l'échalote dans l'huile d'olive dans une grande cocotte. Verser les moules et les faire cuire à feu vif, en remuant sans cesse. Lorsque les moules commencent à s'ouvrir, verser le vin blanc et saupoudrer de persil, ail, curry, sel et poivre. Baisser le feu et laisser cuire tout en continuant à mélanger.

Les moules sont cuites lorsqu'elles sont toutes ouvertes.

Les servir aussitôt accompagnées de pommes frites.

Vin conseillé : un bon Muscadet

Tartare de Saumon

Temps de préparation

🕐 15 min

Pas de cuisson

nombre de personnes

6

- 600 gr. de filet de saumon (sauvage de préférence), très froid,
- une grosse échalote épluchée et émincée,
- quelques brins de ciboulette,
- le jus d'un demi citron,
- cinq cuillères à soupe d'huile d'olive,
- une pointe de piment de Cayenne,
- sel et poivre.

NE JAMAIS PREPARER A L'AVANCE

Enlever les parties brunes des filets de saumon et la peau le cas échéant. Découper en dés grossiers. Les mettre dans le bol d'un hachoir ou robot de cuisine. Ajouter 4 cuillères d'huile d'olive, l'échalote, les 3/4 de la ciboulette, le sel, le poivre et le piment. Mixer grossièrement – il ne faut pas réduire le saumon en purée ou en bouillie… Ajouter le jus de citron sans pépins… Redonner un coup de mixeur… et ajouter une dernière cuillère d'huile d'olive.

Présenter le tartare sur assiettes selon goût en décorant par exemple avec quelques brins de ciboulette ou une rondelle de citron. Accompagner d'une salade verte ou de pommes de terre en vinaigrette.

Servir aussitôt avec un vin blanc sec ou un rosé très frais.

Terrine de poisson

- 400 grammes de saumon frais (pavés ou filets),
- 200 grammes de lieu jaune ou de merlan (filets),
- 500 grammes de crème fleurette ou de crème liquide (pas UHT de préférence),
- 4 œufs entiers,
- 200 grammes de champignons de Paris,
- 10 grammes de sel,
- 3 échalotes émincées,
- 30 grammes de beurre,
- poivre.

Temps de préparation

30 min

Temps de cuisson

1h 30 m

1

nombre de personnes

8

Nettoyer les champignons, les émincer finement.

Faire revenir les échalotes dans le beurre, y ajouter les champignons.

Rajouter sel et poivre selon goût. Faire refroidir.

Oter les peaux des poissons et les arrêtes.

Dans un robot, placer les morceaux de poissons. Mixer la chair des poissons. Ajouter la crème, le sel, le poivre, les œufs entiers, les champignons et mixer de nouveau.

Tapisser un plat à cake de papier sulfurisé puis y verser la préparation.

Cuire au bain marie dans un four préchauffé th5 (150°) pendant 1 heure et 30 minutes.

Ne démouler qu'après complet refroidissement.

Cette terrine peut se déguster froide, avec une sauce à base de crème fraîche fouettée et de ciboulette.

Vin conseillé : Reuilly

La mer en plat de résistance

Temps de préparation

⏱ 15 min

Temps de cuisson

⏱ 10 à 15 min

nombre de personnes

4

Rougets (à la provençale)

- 8 petits rougets de 125 grammes chacun,
ou 4 rougets de 150 grammes,
- 10 cl d'huile d'olive,
- 30 grammes de beurre,
- sel et poivre.

Accessoirement :

- 1 petite gousse d'ail écrasée,
- quelques feuilles de basilic frais, ciselées,
- 2 tomates coupées en petits dés.

Bien écailler et vider les rougets. A condition de bien connaître l'anatomie du rouget, garder le foie qui est très prisé des amateurs de rouget. Dans le doute, éviscérer totalement le poisson. Faire chauffer l'huile d'olive dans une poêle et y faire fondre le beurre. Faire revenir les rougets en les retournant délicatement pendant 10 à 15 minutes selon la grosseur des poissons. La chair, très fine, du rouget a suffisamment de caractère pour se déguster nature. Néanmoins, vous pouvez ajouter à votre poêlée de poisson la gousse d'ail écrasée, les dés de tomates et, en fin de cuisson, le basilic.

Vin conseillé : un Patrimonio ou un Côtes de Provence rouge.

Friture de calamars ou Calamars à la romaine

Très souvent, ce plat servi dans des restaurants n'ayant d'italien que le nom, consiste en un beignet huileux contenant en son centre un anneau caoutchouteux de calamar congelé. Essayez cette recette et vous changerez d'avis sur ce plat tout en légèreté et en finesse !

- 1200 grammes de calamars ou encornets (de préférence des petits calamars), frais,

- 200 grammes de farine de blé,

- 2 œufs entiers,

- un citron,

- une pincée de sel fin,

- poivre,

- 33 cl de bière blonde ou ambrée.

Nettoyer les calamars en leur ôtant : les entrailles, la tête, le bec, le cartilage. Conserver le corps (et sa sur-peau violacée) coupé en anneaux et les tentacules.

Dans une jatte : verser la farine, y ajouter les 2 œufs entiers et mélanger jusqu'à l'obtention d'une pâte homogène. Délayer celle-ci avec la bière. Saler et poivrer. Laisser reposer 10 à 15 minutes et, pendant ce temps, faire chauffer une huile propre et neutre (arachide, tournesol,...) dans une friteuse ou une marmite.

Plonger les morceaux de calamars par grosses poignées dans la pâte à beignet, puis dans l'huile bouillante. Laisser cuire jusqu'à ce que les morceaux soient dorés. Les sortir alors de l'huile, les égoutter sur un papier absorbant puis les servir, arrosés de jus de citron selon goût.

Si les morceaux de calamars s'agglutinent dans l'huile, les séparer délicatement avec une cuillère en bois à long manche.

Recommencer l'opération jusqu'à épuisement des calamars.

Vous pouvez accompagner ce plat d'une salade verte ou de crudités.

Vin conseillé : un Chianti classico

Blancs de seiche à la tomate et à l'ail

Temps de préparation

20 min

Temps de cuisson

30 min

nombre de personnes

4

- 800 à 1000 grammes de blancs de seiches, coupés en lamelles de 1 cm d'épaisseur,
- 4 cl d'huile d'olive,
- 2 gros oignons émincés,
- 5 tomates coupées en petits cubes,
- 3 grosses gousses d'ail,
- 8 gouttes de Tabasco,
- sel et poivre selon goût.

Dans une poêle, faire revenir les oignons dans l'huile d'olive. Ajouter les lamelles de seiche. Mélanger souvent et incorporer les dés de tomates. Saler, poivrer et pimenter.

Laisser cuire 15 à 20 minutes sur feu moyen, sans couvrir pour que la sauce réduise. Rajouter les 3 grosses gousses d'ail écrasées. Laisser cuire 10 minutes environ.

Vin conseillé : Riesling

Joues de lotte en persillade

- 600 grammes de joues de lotte,
- 100 grammes de beurre ½ sel,
- 3 grosses gousses d'ail, pressées ou hachées finement,
- 1 beau bouquet de persil haché,
- 10 dl de vin blanc sec,
- 2 cuillères à soupe de crème fraîche,
- sel, poivre.

Temps de préparation

10 min

Temps de cuisson

6 min

nombre de personnes

4

Bien enlever les restes de peau recouvrant les joues de lotte afin d'éviter qu'ils ne se rétractent sur les joues de lottes à la cuisson.

Faire fondre une grosse noisette de beurre dans une poêle à revêtement anti-adhérent. Faire revenir les joues dans le beurre jusqu'à ce qu'elles commencent à dorer en maintenant le feu assez doux pour que le beurre ne brûle pas.

Ajouter l'ail, le persil, le sel, le poivre et le reste du beurre. Laisser revenir 5 à 7 minutes et mouiller avec le vin blanc. Lorsque celui-ci est presque évaporé, ajouter une ou deux cuillères de crème fraîche selon goût. Saupoudrer de persil haché pour décorer avant de servir bien chaud.

Vin conseillé : Muscadet

Filets de St-Pierre à la ciboulette

Temps de préparation

🕐 20 min

Temps de cuisson

🕐 6 min

nombre de personnes

6

- 3 St-Pierre de 750 grammes environ ou 6 filets de St-Pierre de 140 grammes chacun environ avec ou sans peau,

- 200 grammes de beurre demi-sel dont 150 pour la sauce,

- 3 jaunes d'œuf,

- 1,5 dl de vin blanc,

- 3/4 dl de vinaigre de vin,

- 2 échalotes émincées,

- une vingtaine de brins de ciboulette,

- poivre,

- sel selon goût.

Faire réduire les échalotes dans le vin blanc et le vinaigre et récupérer environ 3 cuillères à soupe de cette réduction après filtrage à l'aide d'un chinois. Mélanger les jaunes d'œuf et la réduction et battre au fouet dans un bain-marie proche de l'ébullition jusqu'à l'obtention d'une crème mousseuse gardant les traces du fouet. Eteindre sous le bain-marie et rajouter peu à peu 150 grammes de beurre coupé en petits morceaux. Remuer au fur et à mesure pour obtenir une sauce onctueuse. Rajouter la ciboulette ciselée.

Faire fondre deux grosses noisettes de beurre dans deux poêles suffisamment grandes pour accommoder chacune 3 filets de St-Pierre. Lorsque le beurre est fondu, faire revenir les filets à feu assez vif 3 minutes de chaque côté.

Dresser sur les assiettes les filets. Les recouvrir de quelques cuillères de sauce. Saupoudrer de quelques brins de ciboulette pour le décor. Peut-être servi avec des pommes vapeur.

Attention, la peau du St-Pierre, parfois conservée pour des raisons esthétiques, ne se consomme pas.

Vin conseillé : Chablis ou Sancerre pour mettre en valeur la délicatesse de la chair du St-Pierre.

Colin au beurre blanc

Temps de préparation

20 min

Temps de cuisson

20 min

nombre de personnes

4

- Un colin de 1 kg à 1,2 kg,

- 1 oignon,

- 1 carotte,

- 1 tomate,

- 1 bouquet garni,

- gros sel,

- poivre,

- 2 dl de vin blanc sec,

- 150 grammes de beurre ½ sel en morceaux,

- 2 échalotes émincées,

- 5 cl de vinaigre de vin blanc ou de cidre,

- 10 cl de vin blanc sec,

- sel et poivre selon goût.

Préparer le court bouillon dans un fait-tout ou une poissonnière en mettant à bouillir dans de l'eau salée les 2 dl de vin blanc, la carotte, l'oignon, la tomate et le bouquet garni. Laisser bouillonner 10 minutes avant d'y plonger délicatement le poisson. Laisser cuire dans l'eau frémissante pendant 20 minutes.

Pendant ce temps, préparer le beurre blanc : dans une casserole à fond épais, verser le vinaigre, le vin et les échalotes. Faire réduire jusqu'à l'obtention de deux cuillères à soupe après filtration au chinois. Cinq minutes avant la fin de la cuisson du poisson, à feu très doux, ajouter progressivement le beurre à la réduction en fouettant constamment. La sauce, de consistance onctueuse ne doit jamais bouillir. Réserver le temps de sortir le poisson.

Sortir le poisson et le peler délicatement. Le présenter sur un plat avec la sauce dans une saucière ou sur assiette nappée de sauce.

Accompagner avec un vin blanc sec, celui ayant servi à réaliser la sauce par exemple.

Raie au beurre noisette

- 1kg de raie non pelée,
- 1 tomate,
- 1 carotte coupée en quatre,
- 1 oignon,
- persil, laurier, thym,
- 1 poignée de gros sel,
- poivre.

Pour le beurre noisette :

- 150 g de beurre,
- 40g de câpres égouttés,
- 5 ml de vinaigre de vin.

Dans une marmite suffisamment grande pour contenir les morceaux de raie, préparer un court-bouillon : rajouter dans 3 litres d'eau la tomate, l'oignon, la carotte et le bouquet garni.

Saler, poivrer. Porter à ébullition pendant 10 minutes.

Mettre à cuire la raie dans ce court-bouillon frémissant pendant 30 minutes. Peler la raie et la dresser sur un plat creux muni d'un couvercle.

Dans une poêle, faire fondre le beurre et le laisser brunir : le laisser prendre une couleur noisette. Rajouter le vinaigre en laissant la poêle sur le feu.

Laisser frémir 15 à 30 secondes.

Ajouter les câpres et 10 ml de court-bouillon et faire chauffer à feu doux pendant une minute.

Vin conseillé : Gros-Plant

Thon à la tomate

- 3 tranches de thon pour environ 750 grammes. Un morceau de ventre de thon de même poids, plus rare, sera encore meilleur,

- 6 tomates moyennes,

- 10 petits oignons blancs émincés,

- thym ou bouquet garni,

- 10 cl d'huile d'olive,

- sel et poivre.

Faire revenir les oignons dans l'huile d'olive. Rajouter les tranches de thon et les faire dorer de chaque côté. Introduire les tomates coupées en petits morceaux, le bouquet garni, le sel et le poivre. Laisser mijoter à feu doux pendant 20 minutes. Retirer le bouquet garni et servir accompagné de riz ou de pommes de terre à l'eau.

Vin conseillé : un côte du Rhône rouge de bonne tenue.

Temps de préparation

10 min

Temps de cuisson

20 min

nombre de personnes

6

Lieu jaune au four

- environ 800g de lieu jaune,

- 2 gros oignons coupés en fines lamelles,

- 2 tomates coupées en quatre,

- 1 gousse d'ail finement émincé,

- 50 ml d'huile d'olive,

- 50 g de beurre,

- 20 ml de vin blanc sec,

- sel et poivre.

Préchauffer le four (thermostat 10).

Placer le morceau de lieu (ou lieu jaune entier) dans un plat en terre beaucoup plus grand que le poisson lui même. Garnir avec les oignons, tomates et ail.

Arroser le tout d'huile d'olive et disposer les dés de beurre uniformément sur le plat.

Saler, poivrer et mettre au four très chaud pendant 25 minutes environ (tout dépend de l'épaisseur du lieu).10 minutes avant la fin de la cuisson, ajouter le vin blanc et remettre au four.

Cette préparation s'accompagne volontiers de riz basmati.

Vin conseillé : le vin utilisé pour la cuisson.

Lotte à l'Armoricaine

- 800g à 1kg de lotte pelée coupée en tronçons (1à 2 par personne),
- 4 gros oignons finement émincés,
- 70g de concentré de tomate,
- 100g de beurre,
- 70 ml huile d'olive,
- 2 gousses d'ail épluchées et finement ciselées,
- 1 c à c de sel fin de guérande,
- 10 tours de moulin de poivre,
- 1 ½ c à c rase de curry,
- 20 ml whisky ou lambic,
- 180 ml d'eau,
- 120 ml de vin blanc sec.

Temps de préparation

30 min

Temps de cuisson

1 h

nombre de personnes

4

La cuisson peut se faire en 2 fois. Temps pour la lotte de s'imprégner de la sauce.

Dans une poêle, faire revenir dans l'huile d'olive, l'ail et les oignons. Rajouter le concentré de tomate hors du feu. Bien mélanger. Mouiller avec l'eau et le vin blanc. Remettre sur feu moyen, saler, poivrer et épicer avec le curry. Laisser mijoter 30 minutes.

Dans une autre poêle faire revenir les morceaux de lotte dans le beurre. Retourner 1 à 2 fois les morceaux pour qu'ils soient bien dorés. Faire flamber, hors du feu (dans la poêle bien chaude, verser le whisky uniformément sur la lotte et approcher une flamme de l'intérieur de la poêle.).

Verser le contenu de la 1ère poêle dans la seconde et faire mijoter à feu doux et à découvert pendant 30 minutes.

Si la sauce paraît aigre, il est possible de rajouter 1 c à c de sucre en poudre. Rallonger le temps de cuisson de la sauce, peut aussi permettre d'obtenir une sauce plus parfumée, dans ce cas prendre soin de retirer la lotte pour qu'elle ne soit pas trop cuite.

Cette recette peut bien sûr être réalisée à l'avance et être réchauffée à feu doux en ajoutant 40g de beurre. Dans ce cas ne pas faire cuire la lotte (dans un premier temps) plus de 15 min.

Vin conseillé : Muscadet

Filets de Dorade
au beurre de citron vert

Temps de préparation

20 min

Temps de cuisson

5 min

nombre de personnes

6

Prendre au choix, un pageot (dorade rose), une dorade royale ou une dorade grise. Mais surtout préférer tant que possible une dorade sauvage à une dorade d'élevage dont la chair risque d'être moins ferme.

- 6 filets de Dorade (grise, royale ou rose),
- 100g de beurre.

Préparer la sauce : dans une casserole, mettre le fumet de poisson, le vin, le jus de citron, l'échalote et les queues de persil. Faire réduire jusqu'à l'obtention de 3 c. à soupe après filtration.

Sur feu très doux, avec un fouet ajouter le beurre en morceaux. Attention, la sauce ne doit pas bouillir. Fouetter pour obtenir une sauce onctueuse. Saler, poivrer selon goût.

Dans une poêle faire dorer les filets de Dorade 3 min de chaque coté. Saler, poivrer selon goût.

Dresser sur une assiette le filet de dorade et napper de sauce. Décorer d'une tranche de citron vert, d'un brin de persil et d'une pomme de terre en robe des champs.

Vin conseillé : Sancerre blanc, Chablis.

Pour la sauce :

. 100ml de fumet de poisson ou de bouillon de légumes,

. 100ml de vin blanc sec,

. 1 c.à café de jus de citron vert,

. 1 échalote finement hachée,

. 3 queues de persil,

. 200g de beurre,

. Le zeste râpé d'un citron vert,

. 2 c. à café de persil haché,

. 1 citron vert pour le décor,

. persil pour le décor,

. sel et poivre.

Soles meunières

- 4 soles portions ou, mieux, 2 grosses soles,
- 100 grammes de farine de blé,
- 100 grammes de beurre,
- persil haché,
- citron,
- sel et poivre.

Enlever la peau grise des soles – la faire enlever par votre poissonnier. Recouvrir de farine les deux faces des poissons. Faire fondre la moitié du beurre dans une poêle. Y faire revenir les soles 3 à 4 minutes de chaque côté jusqu'à ce que leurs faces soient joliment colorées.

Sortir les soles sur un plat ou des assiettes chaudes, saupoudrer de persil et de quelques gouttes de citron. Faire fondre le reste du beurre dans la poêle sans qu'il brunisse puis le verser sur les soles recouvertes de persil.

Vin conseillé : un bon Entre-deux-mers blanc.

Temps de préparation

5 min

Temps de cuisson

5 à 8 min

nombre de personnes

4

Spaghetti aux fruits de mer

Temps de préparation

25 min

Temps de cuisson

15 min

nombre de personnes

4

- 500 g de spaghetti au blé dur (sans oeufs),
- 8 langoustines de taille moyenne,
- 500 g de moules de bouchot, nettoyées,
- 500 g de palourdes,
- 8 noix de coquille St-Jacques,
- 2 branches de persil hachées,
- 1 petite échalote grise hachée,
- 2 branches de basilic hachées,
- 3 cl d'huile d'olive,
- 5 cl de vin blanc sec,
- 2 c. a. s. de crème fraîche.

Cuire les spaghetti selon les indications du paquet afin qu'ils soient « al-dente ». Pendant la cuisson des spaghetti, faire blondir l'échalote hachée dans 1,5 cl d'huile d'olive dans un wok ou une grande sauteuse. Dès coloration, faire revenir les noix de St-Jacques escalopées en deux et les langoustines pendant 2 à 3 minutes. Les réserver. Faire éclater les moules et les palourdes à feu vif dans la sauteuse, ajouter le vin blanc puis le reste de l'huile d'olive.

Faire réduire le jus des coquillages puis incorporer les spaghetti égouttés dans la sauteuse. Bien mélanger puis ajouter la crème fraîche avant de mélanger à nouveau.

Ajouter le persil et le basilic en les saupoudrant puis dresser sur assiettes. Disposer les noix de St-Jacques et les langoustines sur le dessus et répartir la sauce également entre les assiettes.

Servir bien chaud accompagné de vin rouge corsé. Un bon Côtes du Rhône ou, pourquoi pas, un vin d'Italie.

Cabillaud en chemise de coppa

- 4 pavés de 200 g taillés dans un dos de cabillaud,
- 8 tranches de coppa,
- 1 gros oignon haché,
- 4 cl d'huile d'olive de très bonne qualité,
- 8 cure dents en bois,
- 5 cl de vin blanc sec,
- poivre.

Temps de préparation

6 min

Temps de cuisson

18 min

nombre de personnes

4

Badigeonner les pavés de cabillaud d'huile d'olive et les entourer de tranches de coppa. Maintenir la coppa avec les cures-dents. Disposer les pavés ainsi habillés et entourés d'oignons sur un plat à four.

Mettre à four très chaud pendant 15 minutes puis sous le gril pendant 3 minutes.

Pendant la cuisson, mouiller avec le vin blanc. Lorsque le poisson est cuit et la coppa croustillante, présenter les pavés sur des assiettes chaudes.

Servir accompagné d'un plat de coco paimpolais revenus aux oignons blancs et au vin blanc.

L'alliance entre la mer et la terre est presque parfaite avec ce plat. On peut y ajouter une alliance entre océan et Méditerranée en le dégustant avec un bon Patrimonio.

Turbot aux amandes

Temps de
préparation

10 min

Temps de
cuisson

30 min

nombre de
personnes

6

- 1 turbot de 1.5 à 1.8 kg vidé (de pêche de préférence, bien que parfaitement comestible lorsqu'il est d'élevage),
- 250g de crème fraîche liquide,
- 80g d'amandes effilées,
- 15 ml de vin blanc sec,
- sel et poivre.

Préchauffer le four (thermostat 9)
Dans un saladier, mélanger la crème, le vin blanc, les amandes.
Saler, poivrer.
Dans un grand plat, poser le turbot et le napper de la crème préparée précédemment.
Faire cuire environ 30 minutes au milieu du four.
Si les amandes vous semble trop dorer par rapport à la cuisson du poisson, placer une feuille d'aluminium sur le plat et terminer la cuisson du poisson.
A table, conserver les amandes sur les cotés du plat et enlever la peau du turbot avant de pouvoir ôter les filets.

Vin conseillé :
Vouvray ou
Champagne

Paëlla Valenciana

1 poulet découpé en 6 à 8 morceaux (entre 1kg et 1,35 kg), 600 g d'encornets, 800 g de moules, 12 à 15 langoustines ou 6 gambas, 15 fines tranches de chorizo fort, 4 à 5 gros oignons blonds émincés (env. 500 g), 8 à 10 tomates coupées en dés (env. 600 g), 2 poivrons coupés en lamelles (env.300 g), 2 poignées de petits pois frais ou congelés, 80g de beurre, 10 cl d'huile d'olive, riz long, épices pour paëlla, safran, sel et poivre.

Temps de préparation

30 min

Temps de cuisson

2 h 2

nombre de personnes

6

Dans un grand plat à paëlla, faire revenir les oignons dans le beurre et l'huile. Faire ensuite revenir les morceaux de poulet. Ajouter les poivrons et les tomates. Epicer, saler et poivrer. Ajouter le safran et laisser cuire 1h30 environ à feu très doux en remuant régulièrement et en mouillant très légèrement d'eau si besoin pour éviter que cela accroche.

Pendant cette cuisson, faire revenir les langoustines 15 minutes dans le jus puis les réserver.

Rajouter les calamars et les laisser cuire 15 minutes. Verser enfin les moules, le riz et les petits pois. Rectifier l'assaisonnement. Au fur et à mesure de la cuisson du riz, rajouter de l'eau au verre.

Vérifier la cuisson du riz et disposez les langoustines sur le plat environ 10 minutes avant de servir afin qu'elles soient chaudes.

Vin conseillé : un bon vin rouge Rioja d'Espagne.

TABLE DES RECETTES

Entrées marines

La mer en plat de résistance

© Décembre 2005. Editions Gisserot
Ouvrage imprimé par Pollina s.a.s. 85400 Luçon
n° d'impression : L51776

Dépôt légal : décembre 2005

Imprimé en France

IMPRIM'VERT